Thomas Stan Hemken

Drumstarter Junior

Drumstarter Junior

Schlagzeugschule für Kids
ab 5 Jahren

Schule von: Thomas Stan Hemken
www.drums-online.org

IMPRESSUM

Bibliografische Information der Deutschen Nationalbibliothek:
Die Deutsche Nationalbibliothek verzeichnet diese Publikation
in der Deutschen Nationalbibliografie; detaillierte bibliografische
Daten sind im Internet über http://dnb.dnb.de abrufbar.

© 2015 Thomas Stan Hemken

www.drums-online.org

Herstellung und Verlag: BoD – Books on Demand, Norderstedt

ISBN: 9783741274152

INDEX

Info Drumlehrer/in & Eltern	7
Hinweise zum Startt	8
1. Hi Hat	9
Der Malbär	10
2. Snare (Kleine Trommel)	11
3. Übungen: Hi hat & Snare	13
4. Bass Drum (große Trommel)	14
5. Übungen Bass & Snare	16
6. Übungen Bass, Snare & Hi Hat	17
Mehr Übungen	18
7. Die Toms kommen ins Speil	19
Und die anderen beiden Toms	20
8. Der Handsatz	21
Mehr Training zum Handsatz	23
9. Und nun alles zusammen	25
10. Hi Hat & Bass Gleichzeitig	27
11. Hi Hat & Snare Gleichzeitig	28
Hinweis für den Lehrer	29
12. Hi Hat, Bass & Snare Bauen Grooves	30
13. Das Ride Becken	31
14. Ride & Bass Gleichzeitig	33
15. Ride & Snare Gleichzeitig	34
16. Ride, Bass & Snare Bauen Grooves	35
17. Das Crash-Becken	36
18. Das Crash-Becken 2	38
19. Grooves (Rhythmen) mit Crash Becken	39
20. Grooves mit Toms (Fill In)	40
Mehr Training mit Grooves, Toms & Ride Becken	41
Ein Neues Kapitel	42
21. Die Viertel Note	43
22. Die Achtel Note	44
Notenpapier	46

6

Info Drumlehrer/in

Die Vorgehensweise bei jungen Schülern muss eine andere sein, als bei älteren Schülern. Wahrnehmung, Auffassung und Umsetzung sind im jungen Alter noch wesentlich anders. So ist z.B. nachgewiesen, dass Kinder unter 8 Jahren noch nicht logisch, strategisch denken. Schönes Beispiel: Gib dem Kind ein Bon Bon und sag ihm, wenn er es heute nicht isst, bekommt er morgen drei dazu.
Im Schlagzeugunterricht bedeutet das, dass es schwierig ist, die Rhythmik durch Logik nahe zu bringen. Ein 5 Jähriger hat keine Vorstellung von Bruchrechnung. Viertel, Achtel, Sechzehntel sind für ihn bloße Namen.

Die Stärke der jungen Menschen liegt allerdings in der Entwicklung der Sprache! Deshalb funktioniert der Einstieg in die Rhythmik
(meiner Meinung nach auch allgemein in die Musik) besonders gut über Kommunikation
- also Sprache. Kleine Menschen sind Sprachexperten!

Diese Schule baut komplett auf Sprache auf!

Arbeiten Sie bitte geduldig und konsequent! (Niemals ohne zu sprechen)
Arbeiten Sie rituell (für Erwachsene vielleicht langweilig aber junge Kinder mögen Wiederholungen sehr!)

Sie werden erstaunt sein, wie hoch die Auffassungsgabe kleiner Drumschüler ist, wenn konsequent gesprochen wird. Selbst komplexere Rhythmen lassen sich durch rhythmische Sprache erlernen!

Info Eltern

Der Erfolg junger Musikschüler hängt viel weniger vom Talent, als von der Zusammenarbeit mit den Eltern und Lehrern ab. Kinder brauchen Rituale! Letzten Endes ist der wesentlichste Erfolgsfaktor die Wiederholung und die Regelmäßigkeit! Das ändert sich auch im Erwachsenenalter nicht.
Vermeiden Sie ganz einfach folgendermaßen Stress für Sie und Enttäuschung fürs Kind.
1. Verlangen Sie nicht zu viel! (4 Tage in der Woche 10 min. regelmäßig üben wäre schon toll)
2. Legen Sie realistische Zeiten fest und halten Sie sich daran! (z.B. vor dem Abendessen 10 Minuten, an 4 festen Tagen. Klappt ein Termin nicht, wird er verschoben)
3. Integrieren Sie das Kind! (Mütter nehmen den jungen Kids gern alles ab und wundern sich, wenn diese nicht selbständig werden) Machen Sie einen Probeplan **mit dem Kind!**
4. Sorgen Sie dafür, dass das Üben angenehm ist! Ermuntern statt ermahnen! Die Konsequenz und Regelmäßigkeit bringt mehr als Ermahnungen! Ein Glas Milch und ein Keks beim Üben oder ähnliche Gemütlichkeiten wirken Wunder! Kinder schweifen ab! Aber das tun Erwachsene auch. Lenken Sie die Aufmerksamkeit wieder auf die Übungen aber seien Sie dabei nicht streng!

HINWEISE ZUM START

Vokalsprache zum Klang:

Die ersten Instrumente werden über den Klang des Instruments kennengelernt. Handsätze sind noch nicht wichtig und brauchen noch nicht beachtet werden!

Die Kennenlernübungen sind immer die gleichen! Wie erwähnt, ist wiederholen für Kinder gut. Sie hören auch 50 mal die gleiche CD ;-) das motiviert und prägt sehr gut ein!

Die weiterführenden Übungen variieren dann.

Bilder zum selbst anmalen

1. Hi Hat

Tritt auf das Pedal der Hi Hat und lass sie geschlossen! Am einfachsten ist das, wenn Du die Zehenspitzen auf das Pedal stellst und die Hacken schweben lässt!
Dann spiele mit der Stockspitze auf der Hi Hat!

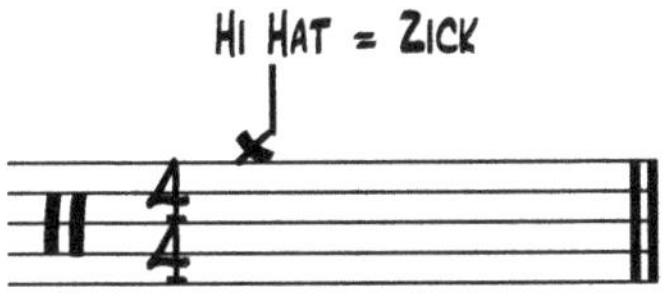

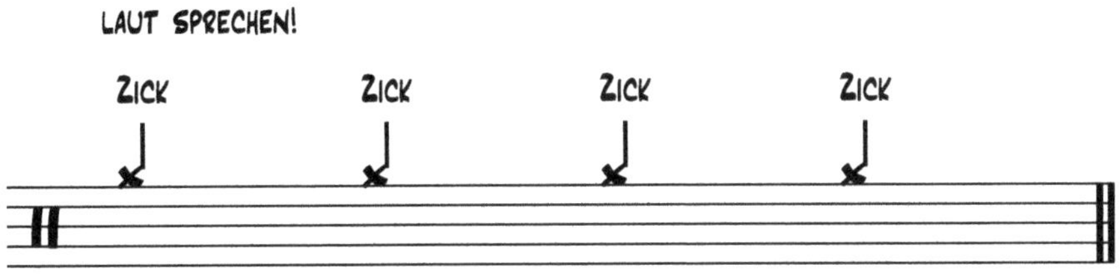

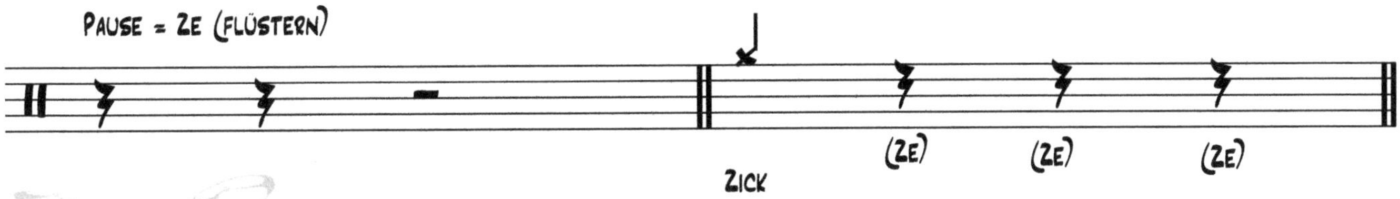

Hinweis: Der Lehrer malt ein Lächeln in den Smiley, wenn die Aufgabe vollständig ist!

copyright@Thomas Stan Hemken www.drums-online.org

Der Malbär

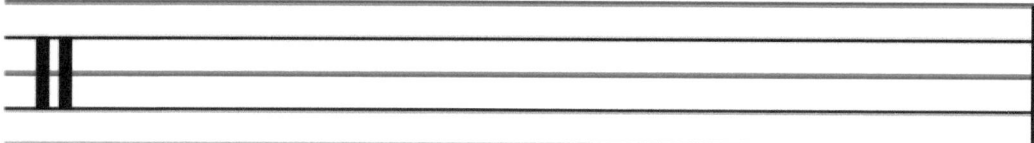

Zeichne 4 x mal die Hi Hat ein!
Schau auf der vorherigen Seite genau, wo sie steht!

2. SNARE (KLEINE TROMMEL)

Schlage mit den Sticks auf die Mitte des Trommelfells!

DER MALBÄR

©Tandem Verlag

Zeichne 4 x mal die Snare ein!
Schau auf der vorherigen Seite genau, wo sie steht!

3. Übungen: Hi Hat & Snare

Wir üben nun Hi Hat & Snare zusammen!

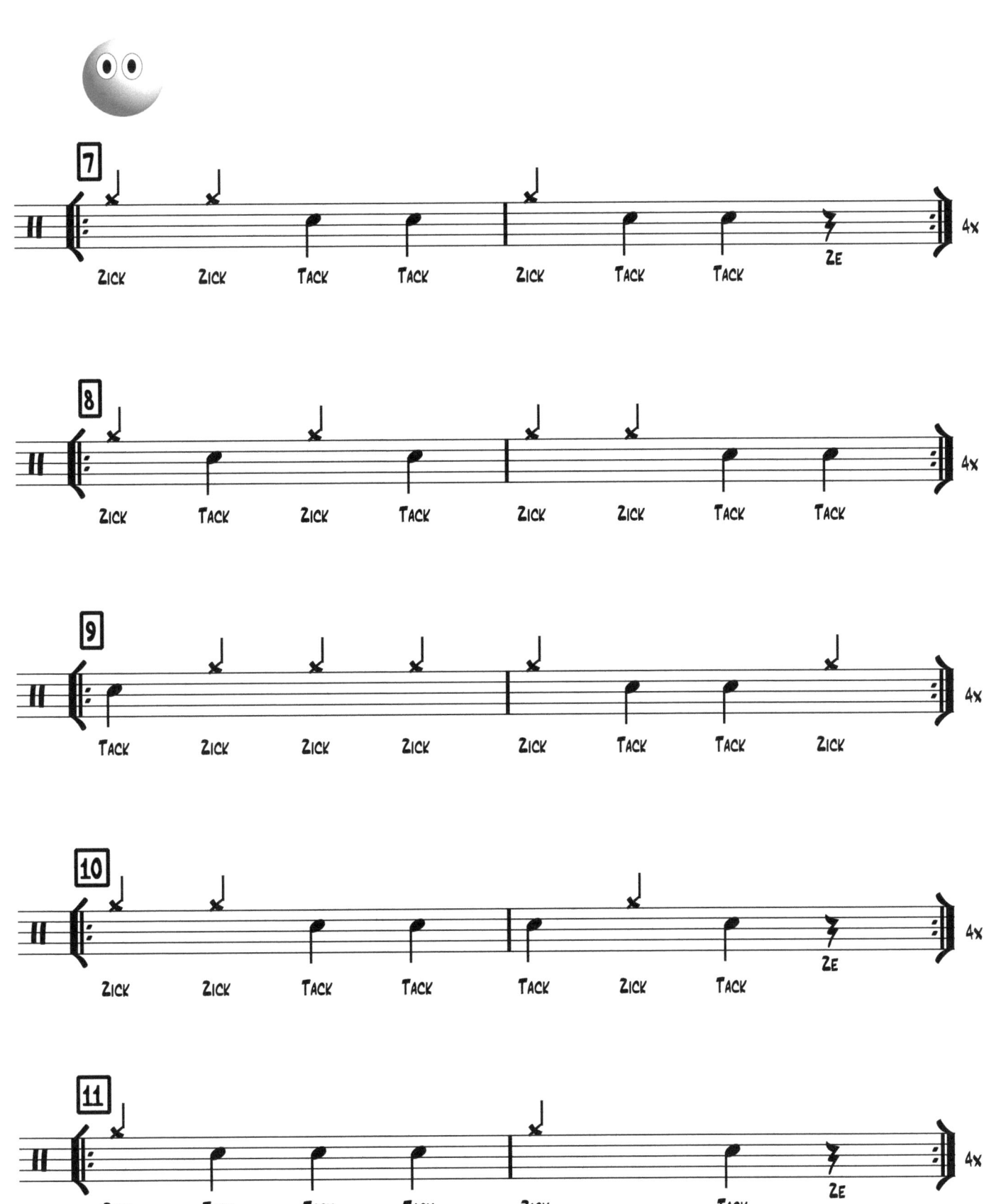

4. Bass Drum (Große Trommel)

Stelle Deinen rechten Fuß auf das Pedal! Du kannst den gesamten Fuß auf das Pedal stellen oder nur die Fußspitze! Mit der Fußspitze kann man die Bass Drum etwas lauter spielen! Achte aber bitte darauf, dass der Fuß sich niemals vom Pedal löst!

©Tandem Verlag

copyright@Thomas Stan Hemken   www.drums-online.org

DER MALBÄR

©Tandem Verlag

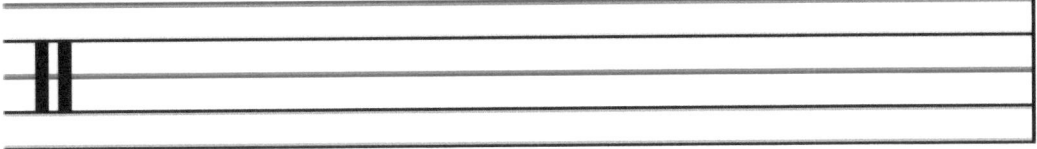

Na? Was malt der Malbär nun? Genau - 4x die große Trommel!
Schau auf der vorherigen Seite genau, wo sie steht!

5. Übungen Bass & Snare

Hier trainieren wir nun die Bass und Snare zusammen!

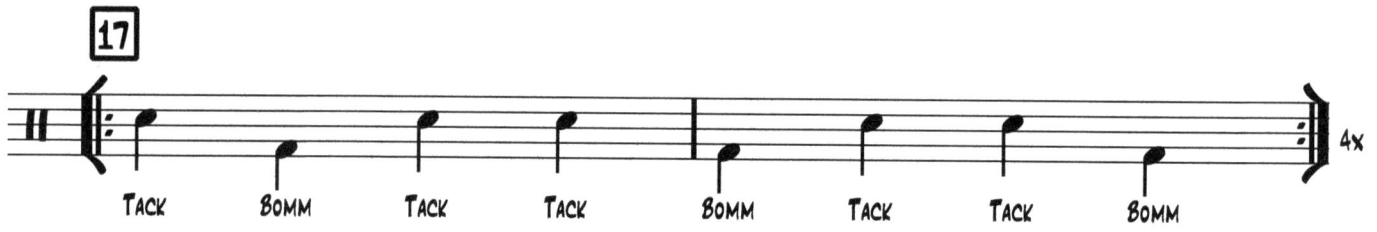

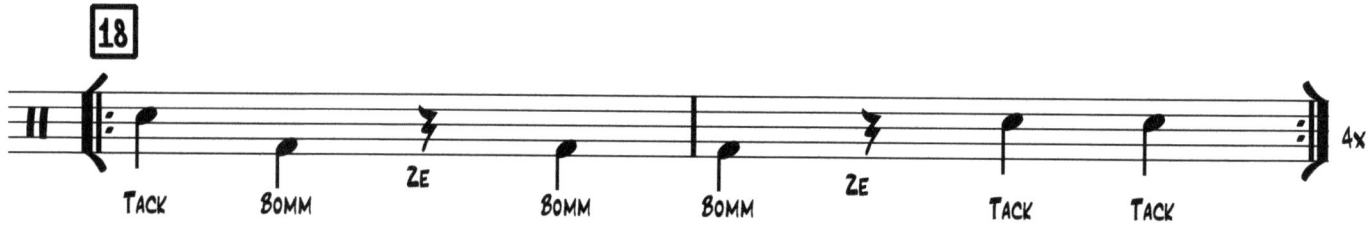

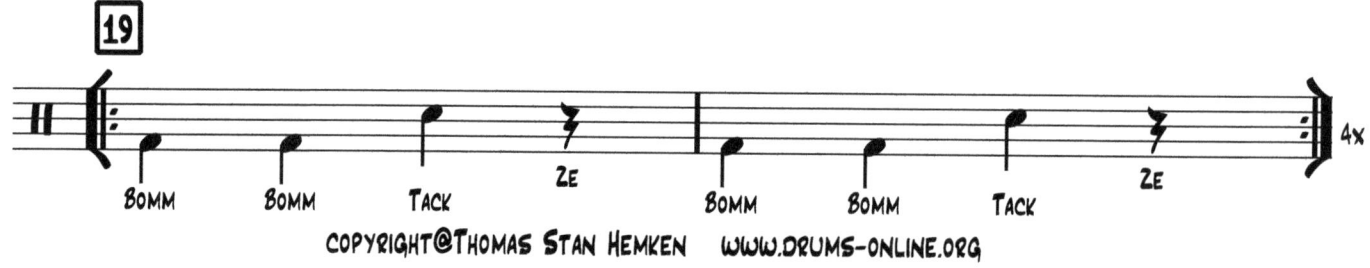

6. Übungen Bass, Snare & Hi Hat

Und nun trainieren wir alle 3 Instrumente!

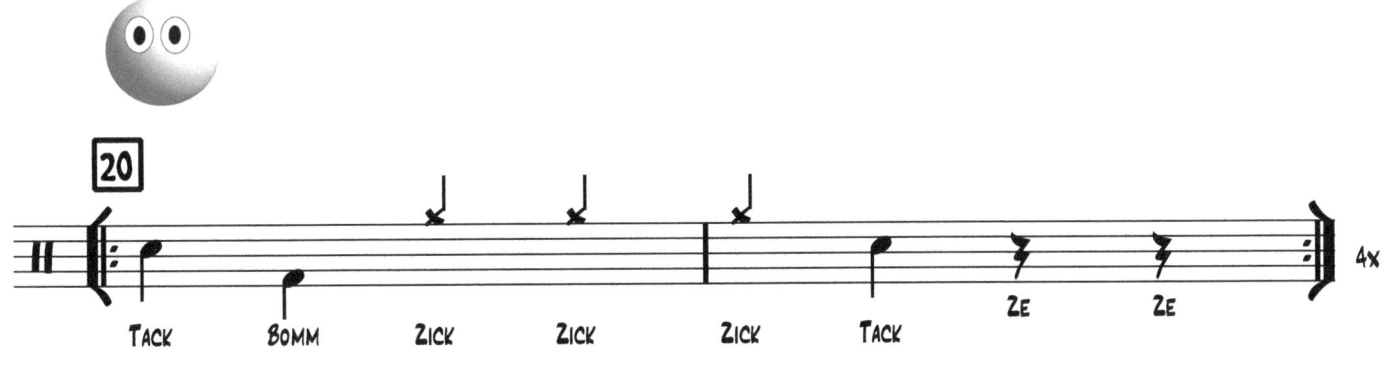

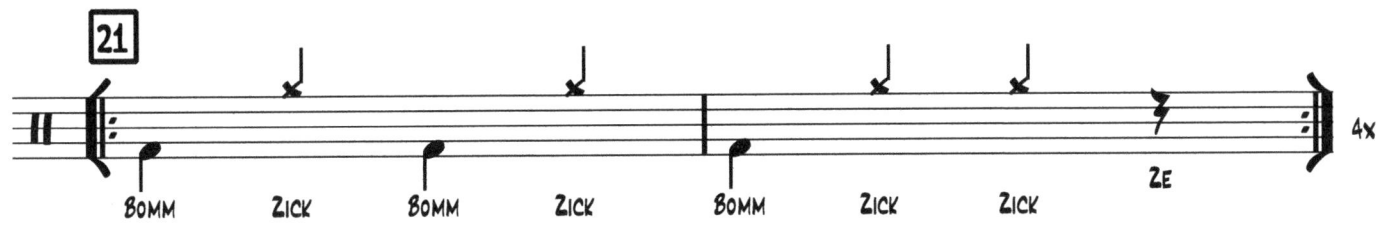

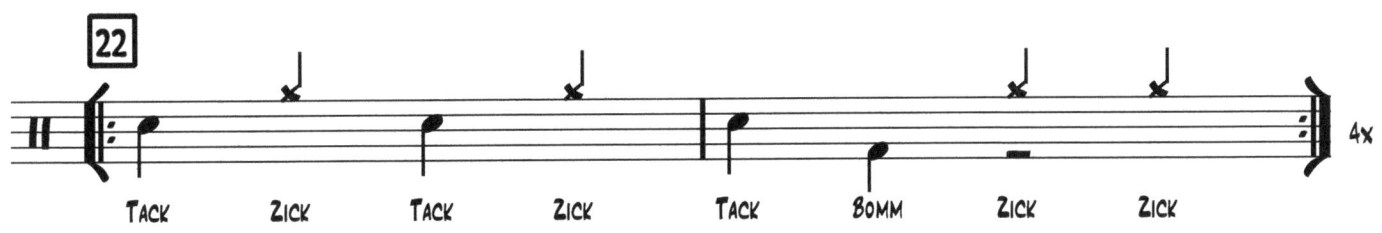

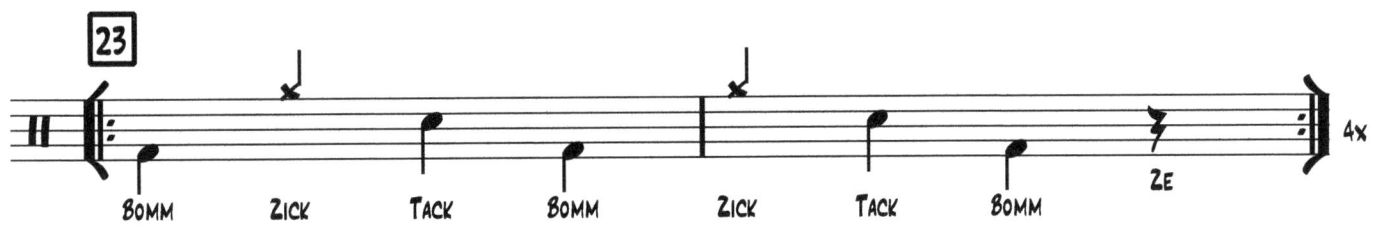

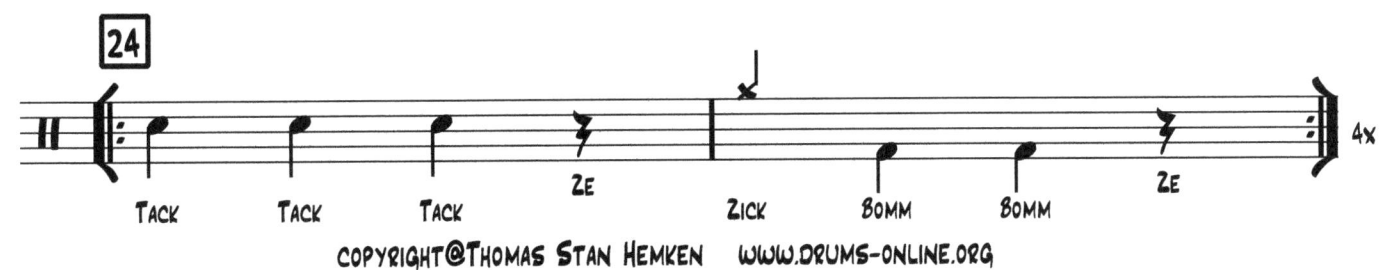

Mehr Übungen

Weiter geht's!

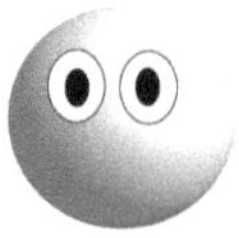

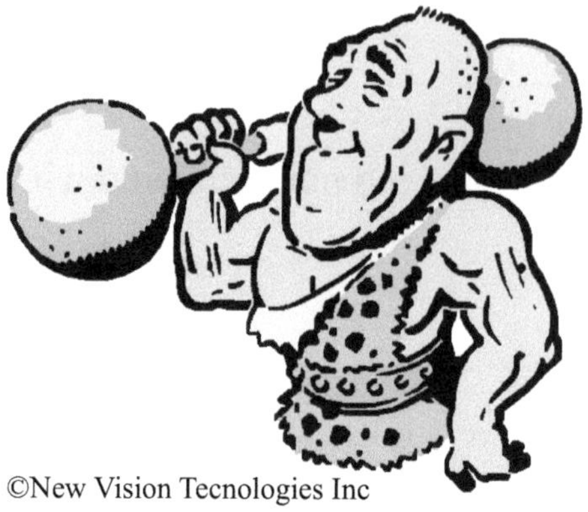

©New Vision Tecnologies Inc

25

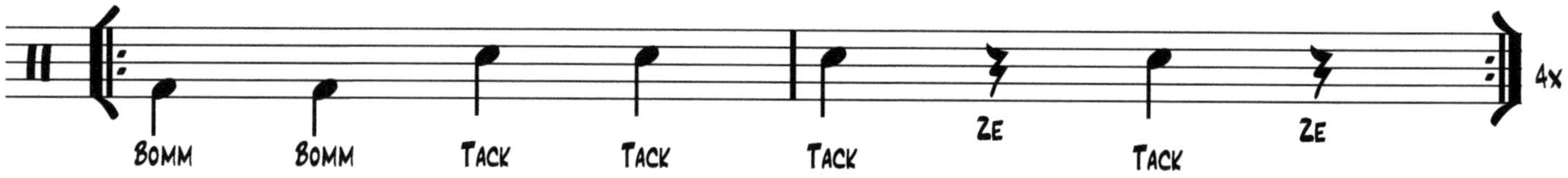

26

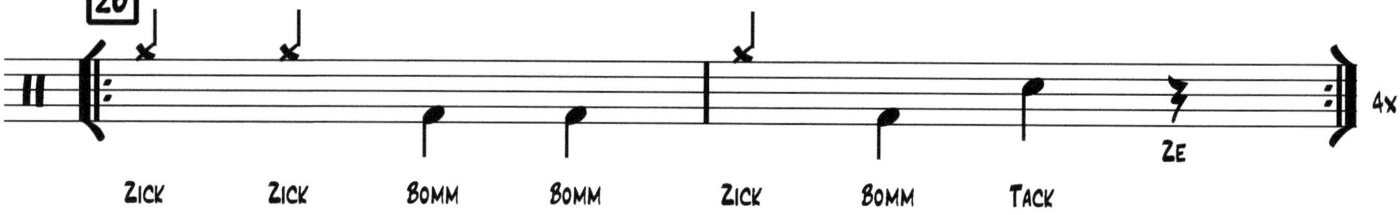

27

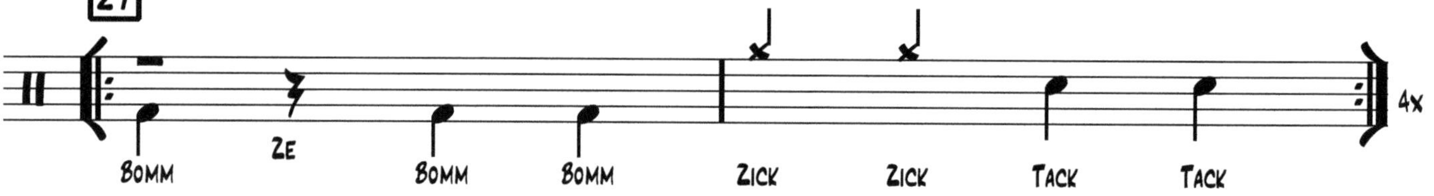

28

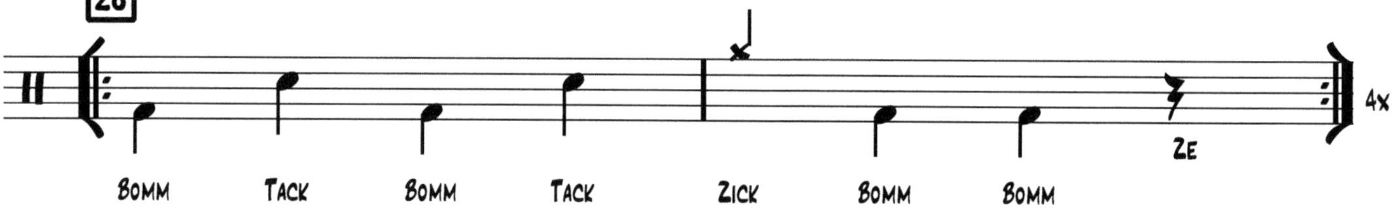

29

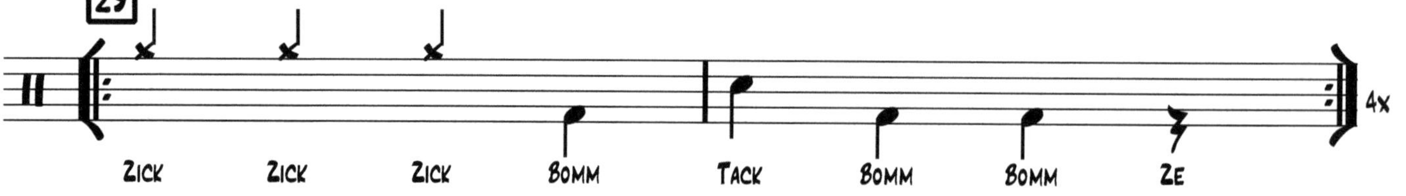

7. Die Toms kommen ins Spiel!

19

Beginnen wir mit den Toms. Du solltest drei davon an deinem Schlagzeug haben!
Wir zählen die Toms von links nach rechts:
Tom 1 = Hohe Tom, Tom 2 = mittlere Tom, Tom 3 = Stand Tom

©New Visions Tecnologie Inc

copyright@Thomas Stan Hemken   www.drums-online.org

Und die anderen beiden Toms

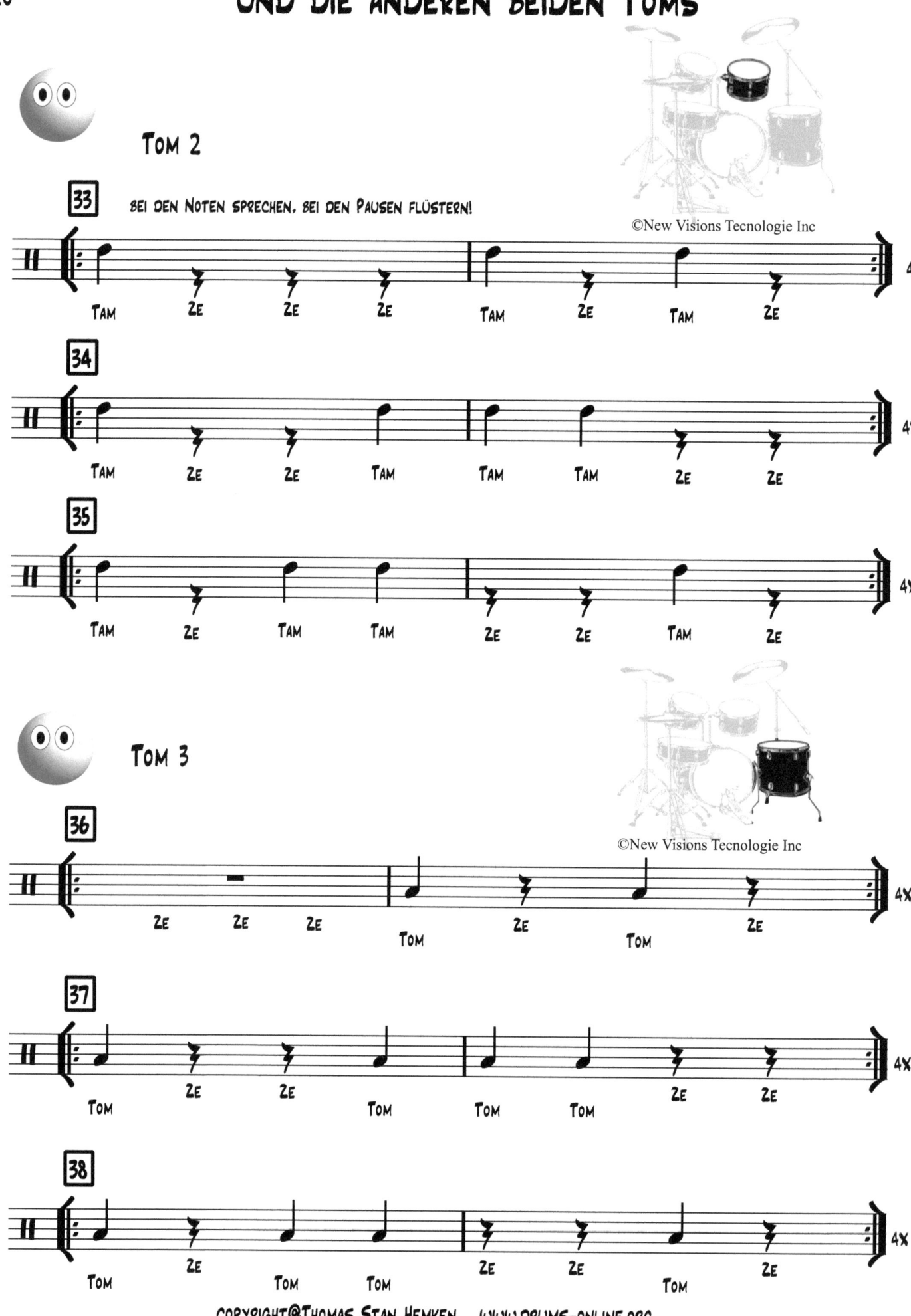

8. Der Handsatz

Damit Du bei so vielen Trommeln keine Knoten in die Arme bekommst, lernen wir nun einen Handsatz dazu! Handsatz heißt, dass genau gesagt wird, wann die rechte Hand und wann die linke Hand gespielt wird! Merke Dir die Hände! Frage: Mit welcher Hand malst Du?

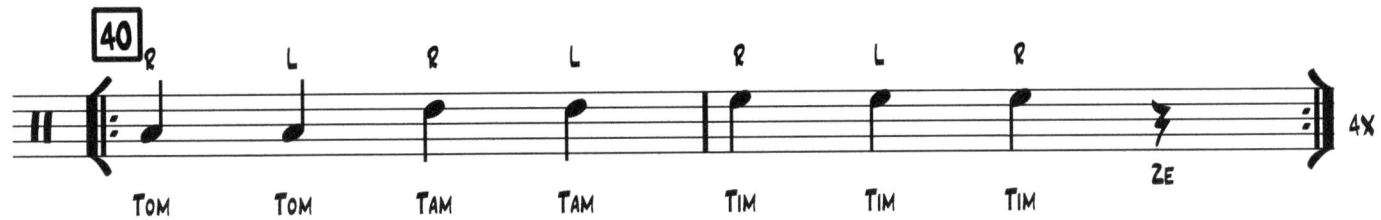

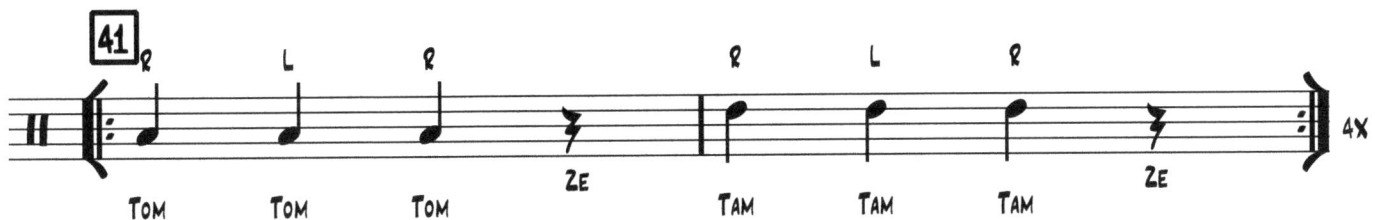

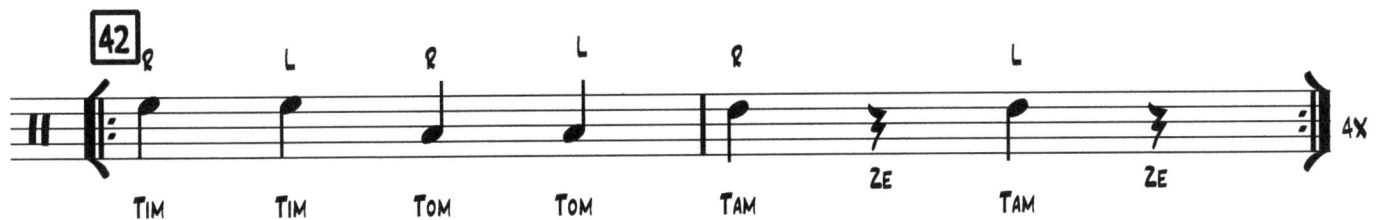

Das braucht viel Übung! Spiele jede Reihe deshalb mindestens 4 mal!

©New Visions Tecnologie Inc

copyright@Thomas Stan Hemken   www.drums-online.org

Das große Rätsel!

©New Visions Tecnologie Inc

Der große Zauberer Verschwindus hat große Unordnung gezaubert. Hilf ihm, die ganzen R für rechts und L für links zuzuordnen. Ziehe eine Linie zur richtigen Hand!

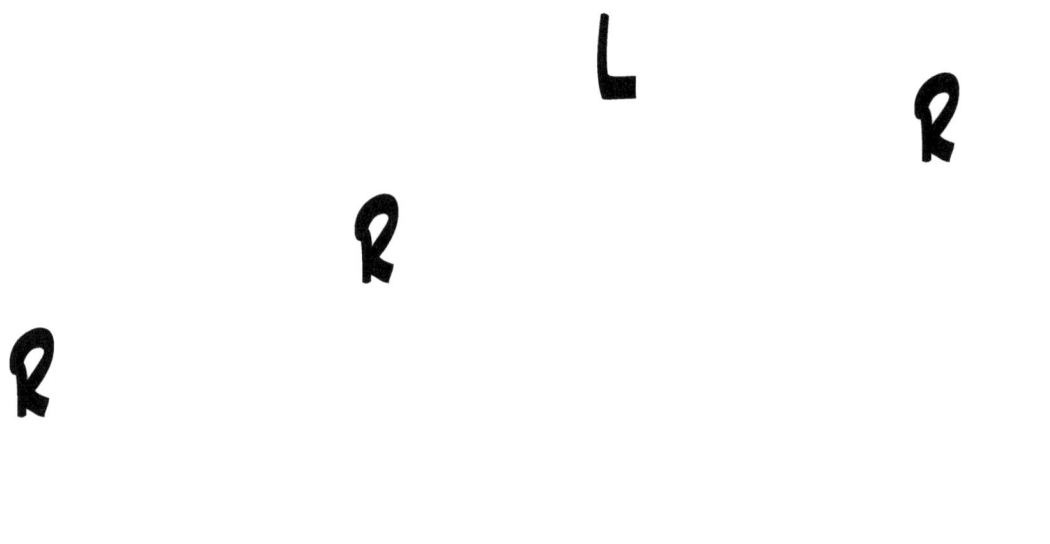

©New Visions Tecnologie Inc

Mehr Training zum Handsatz

Das große Rätsel!

Mmh. rätzel - rätzel...
Wer hat wohl eine tiefe Stimme?
Der kleine Mann?
Wer hat eine hohe Stimme?
Der große Mann?
Wer hat eine mittlere Stimme?

Es ist wie bei den Toms! Große Tom hat äh... oh Mist!
Hilfst Du ihm? Ordne die Männer den Toms zu!

9. Und nun alles zusammen!

Hui! Gar nicht mal so einfach - aber Du schaffst das schon! Sprich immer fleißig mit! Einmal richtig im Kopf, dann läuft es! Merke Dir jede Zeile am Klang und spiele sie deshalb auch mindestens 8 mal!

DER MALBÄR

Vom gezauber des Zauberers Verschwindus ist der Malbär ganz vergesslich geworden. Wo müssen nocht gleich die Toms hingemalt werden?
Kannst Du ihm dabei helfen?

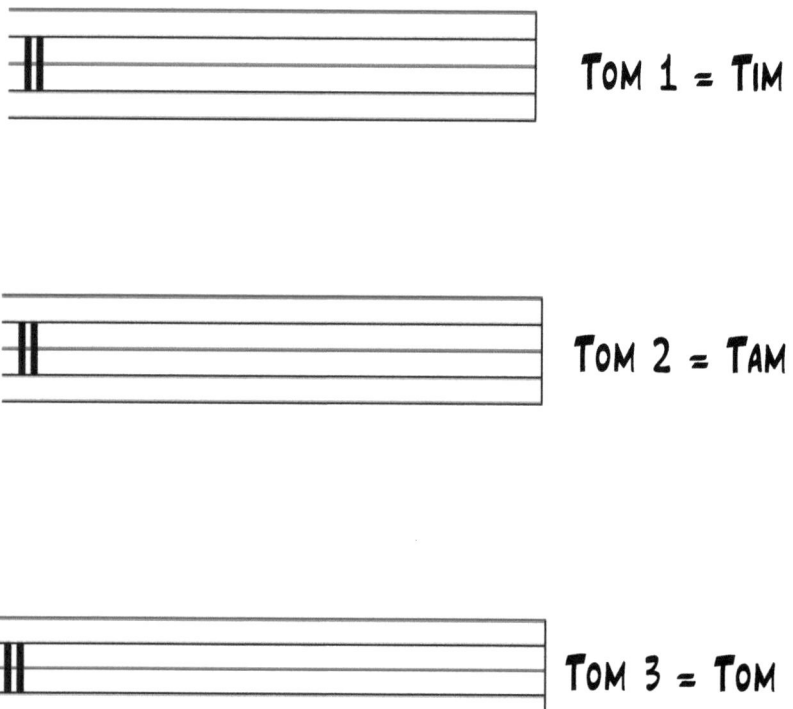

TOM 1 = TIM

TOM 2 = TAM

TOM 3 = TOM

10. Hi Hat & Bass Gleichzeitig!

Wow, Klasse! Nun wird es richtig cool! Wir spielen nun 2 Instrumente gleichzeitig! Die Hi Hat (die auch noch zugehalten werden muss) und die Bass Drum! Wenn es gar nicht gut gehen will, darfst Du zuerst etwas mogeln und die Hi Hat mit der Schraube zu machen. Aber immer wieder versuchen, sie mit dem Fuß zuzuhalten!

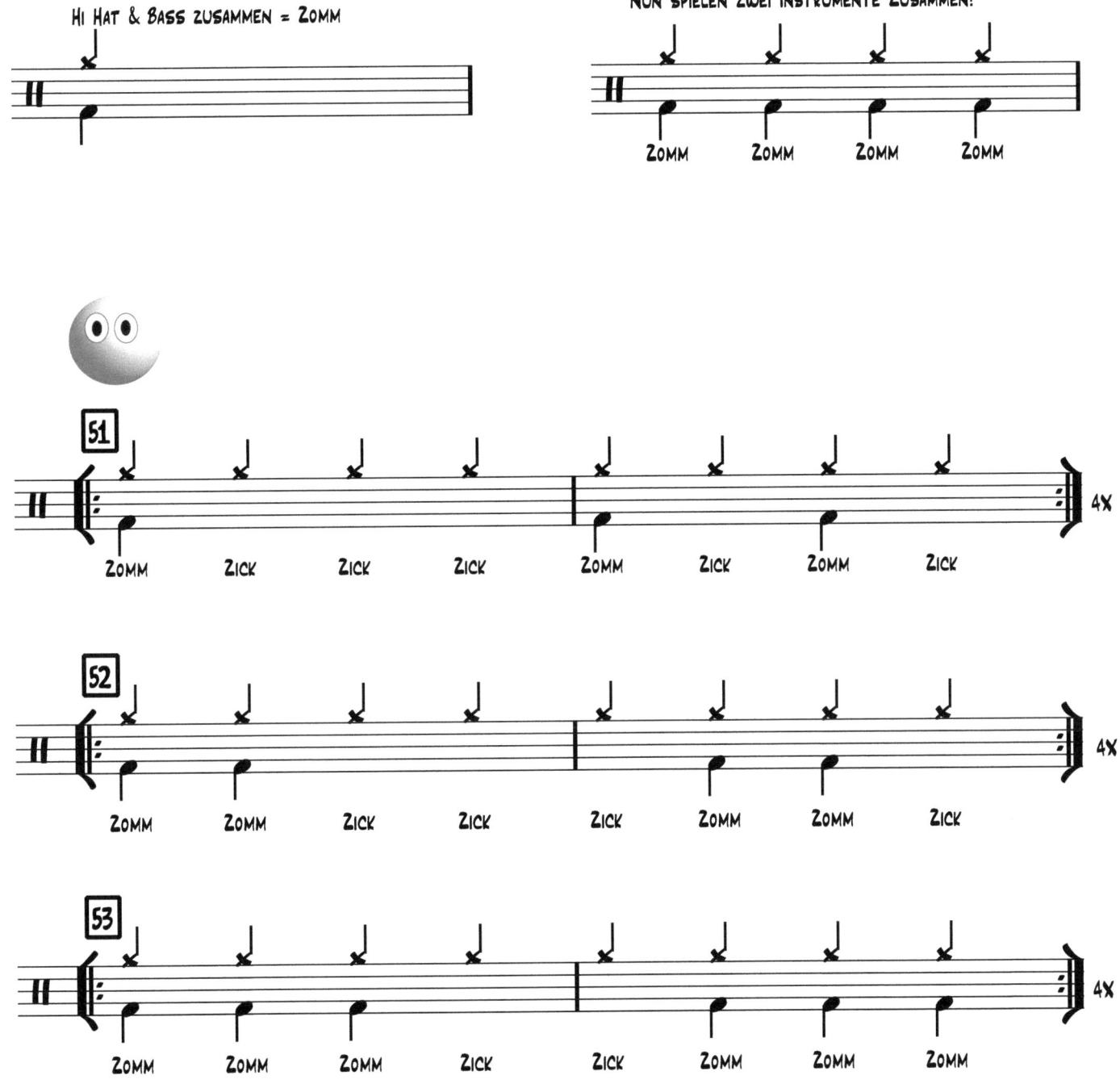

11. Hi Hat & Snare Gleichzeitig

Und Hi Hat mit der Snare als nächstes.

Hinweis für den Lehrer

Lieber Lehrer,
allmählich wird die Sprache komplizierter. Nun ist es an der Zeit, die Lautsprache zwar weiterhin einzustudieren, beim Spiel jedoch mehr und mehr auf das sich bildende Gehör des Schülers zu bauen.

Aus meiner Erfahrung im Unterricht schlage ich nun vor, die Reihen vorerst sprachlich gut einzustudieren, beim Spiel aber mehr und mehr darauf zu verzichten, dass der Schüler beim Spielen mitsprechen muss.

Falls es Probleme bei der Ausführung gibt, ist es ratsam, zwischen Sprech- und Spielübung zu pendeln.

Ein beharren auf die Sprache beim spielen kann zwar noch eine Zeitlang funktionieren, bedeutet aber eine große Herausforderung.

Ziel ist, die Noten durch die Sprache verständlich zu machen. Werden die folgenden Übungen aber intuitiv bereits richtig verstanden und ausgeführt, erleichtert es, beim Spielen nicht mehr zu sprechen!

Auf das Zählen würde ich aber weiterhin verzichten, da das mathematisch, logische Denken dem intuitiven Spiel im Wege stehen würde.

©New Visions Tecnologie Inc

12. Hi Hat, Bass, & Snare bauen Grooves

Und nun bauen wir die beiden Klänge zu coolen Grooves zusammen!
So nennt man Rhythmen heute!

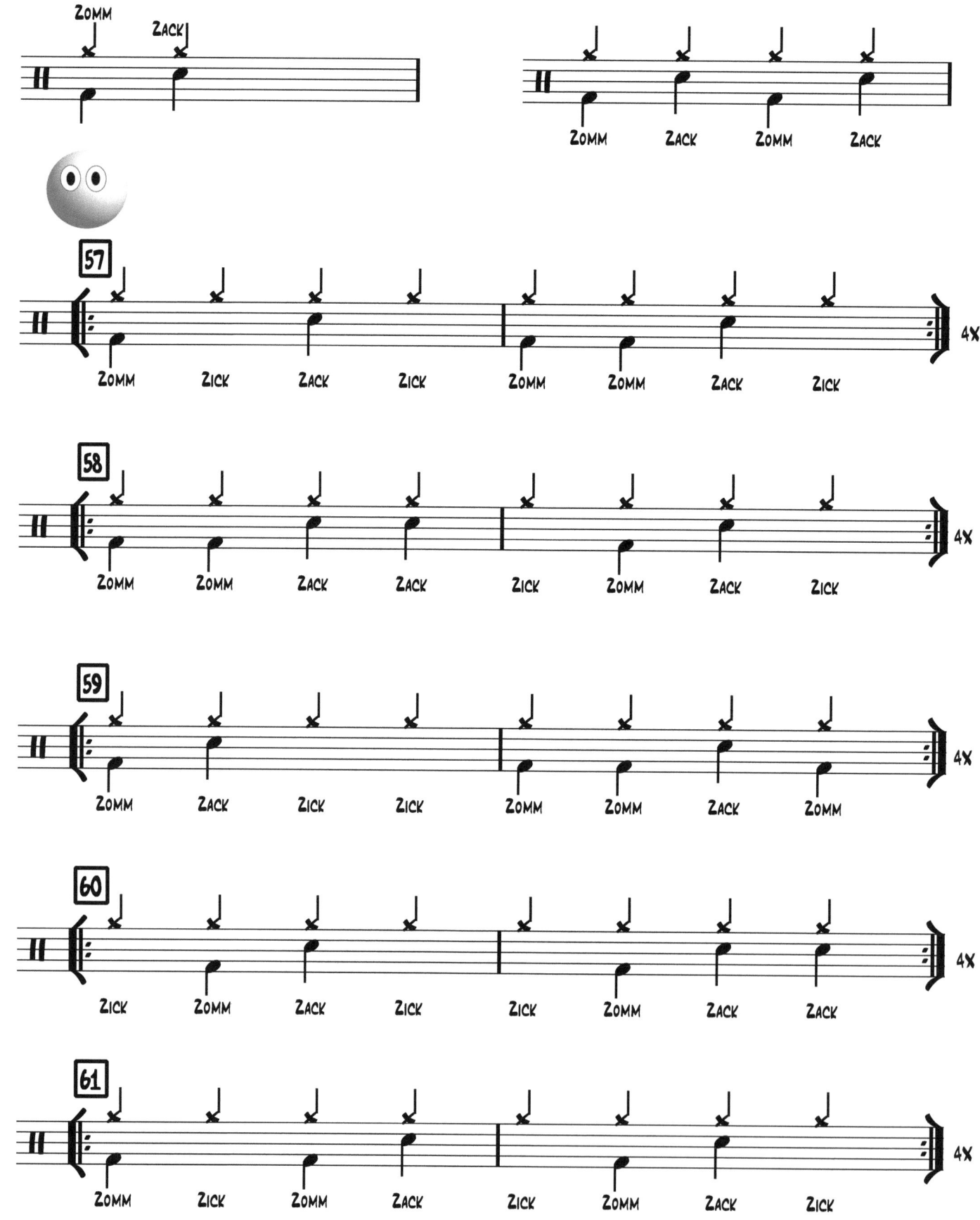

copyright@Thomas Stan Hemken   www.drums-online.org

13. Das Ride-Becken

Ein neuer Klang - Das Ride Becken klingt: Zing
Schau genau hin, wo das Ride Becken steht!

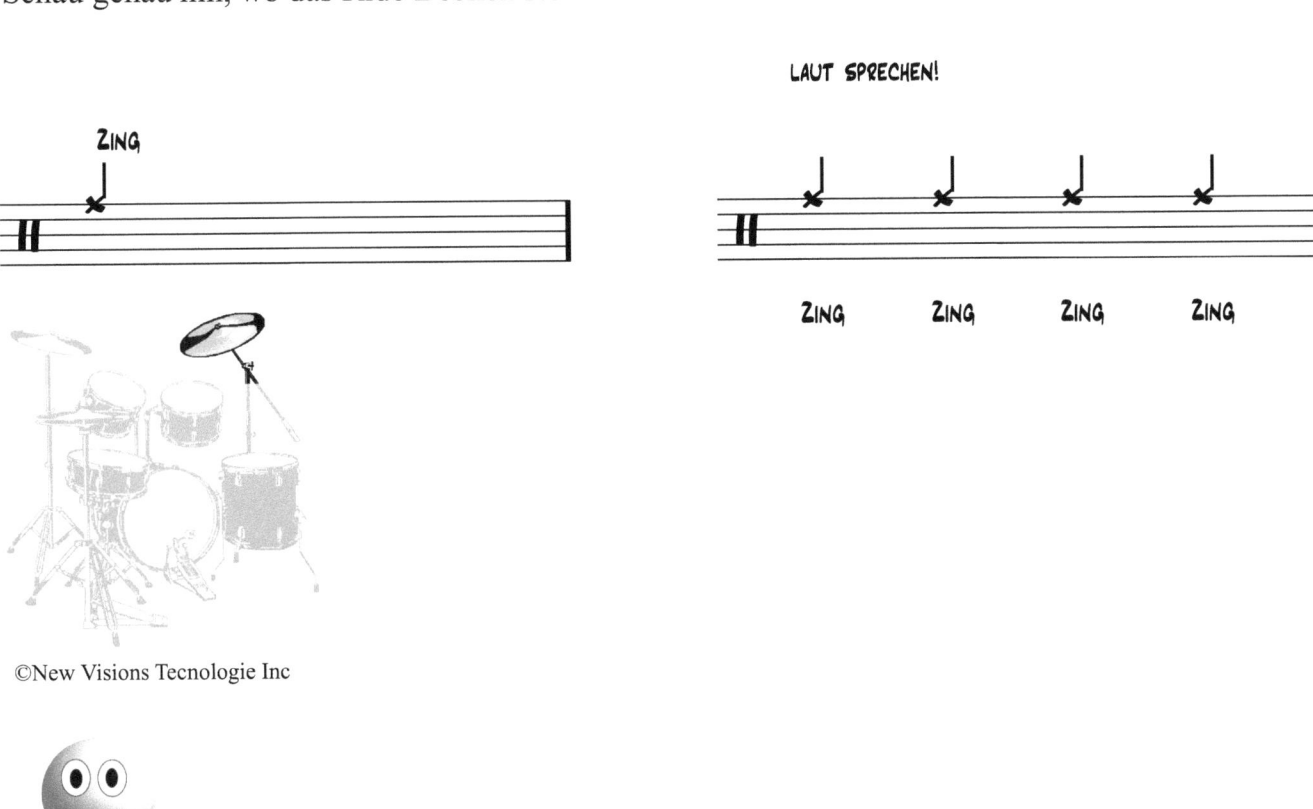

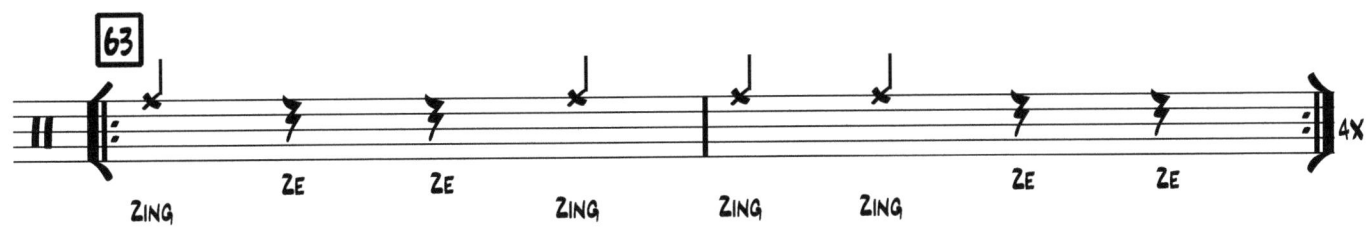

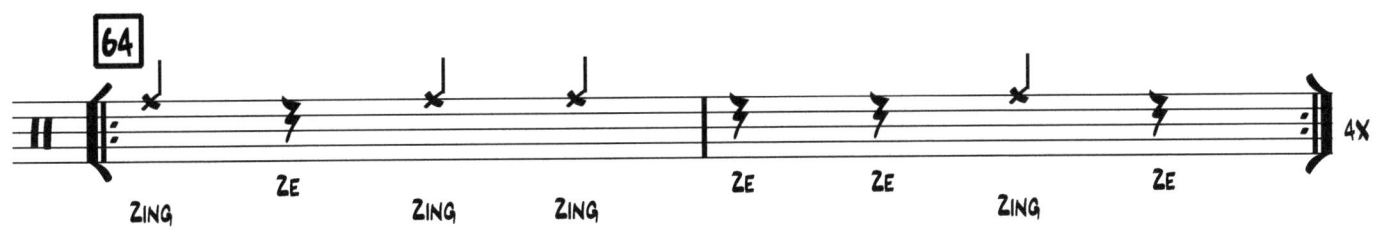

copyright@Thomas Stan Hemken   www.drums-online.org

DER MALBÄR

Hast Du auch schon einen Lieblingsgroove? Versuche mit dem Malbären einen zu malen und ihn zu spielen! Du kannst Dir auch selbst einen ausdenken! Dann bist Du schon ein Musikschreiber, wie der der große Dirigent Herr Winke!

14. Ride & Bass Gleichzeitig!

Nun bauen wir mehrere Klänge wieder zusammen! Zuerst Ride und Bass.

copyright@Thomas Stan Hemken   www.drums-online.org

15. Ride & Snare Gleichzeitig

Und hier kommt jetzt das Ride Becken mit der Snare.

16. Ride, Bass, & Snare bauen Grooves

Wir spielen nun wieder tolle Grooves. Diesmal aber mit dem Ridebecken, statt mit der Hi Hat.

17. Das Crash-Becken 1

Noch ein wichtiger Klang ist das Crash-Becken. Wir üben das Crashbecken im Wechsel mit der Hi Hat.

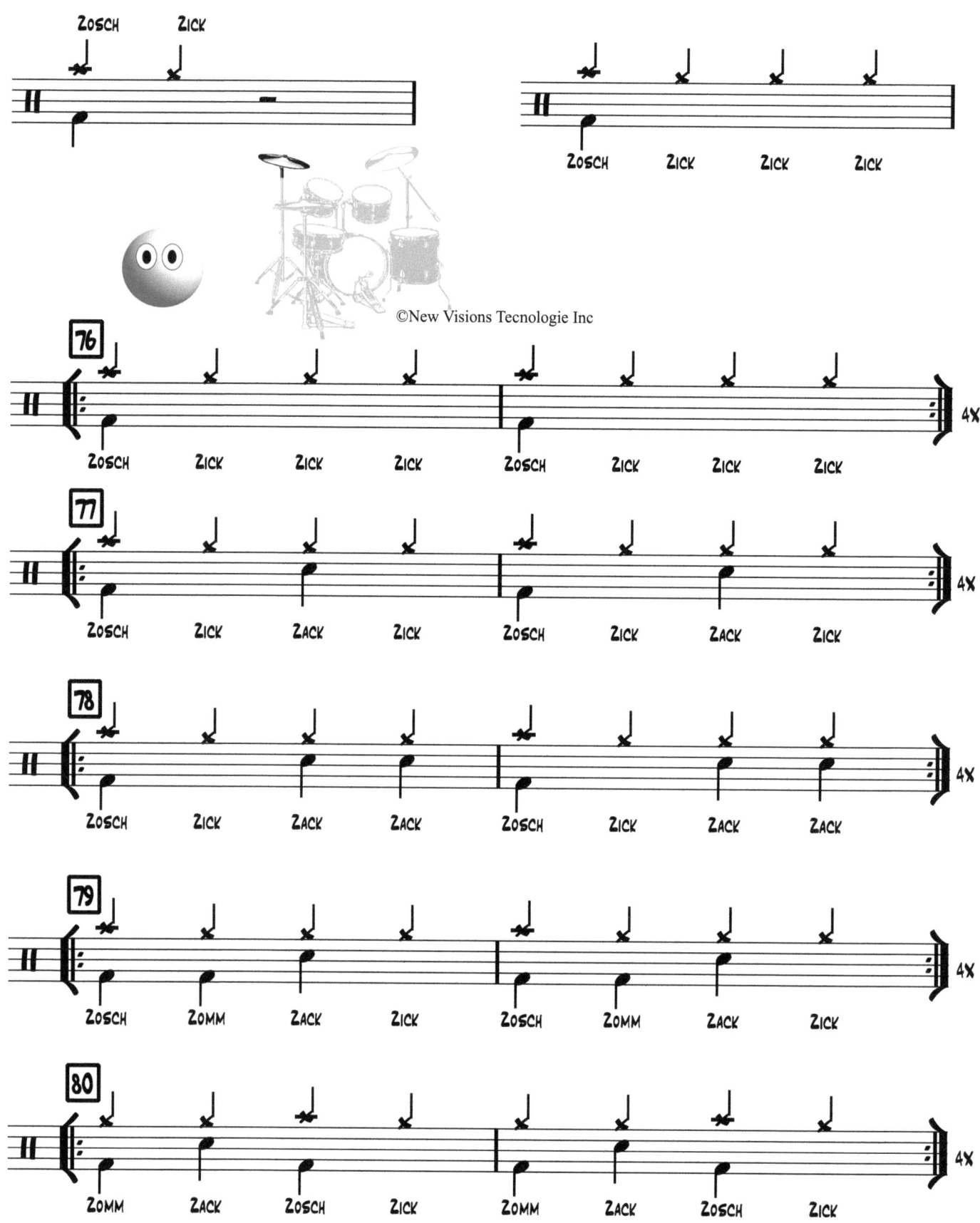

Bernd Beckenspieler

Becken findet Bernd super! Doch welches Becken gehört doch gleich wohin?

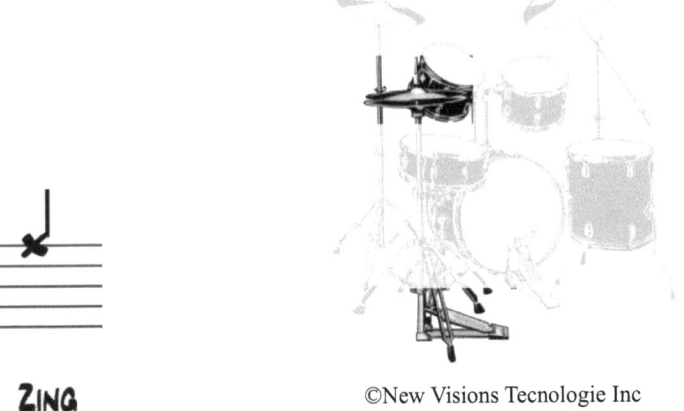

ZOSCH

ZING

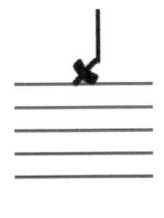

ZICK

18. Das Crash-Becken 2

Die Snare oder kleine Trommel kommt wieder ins Spiel!

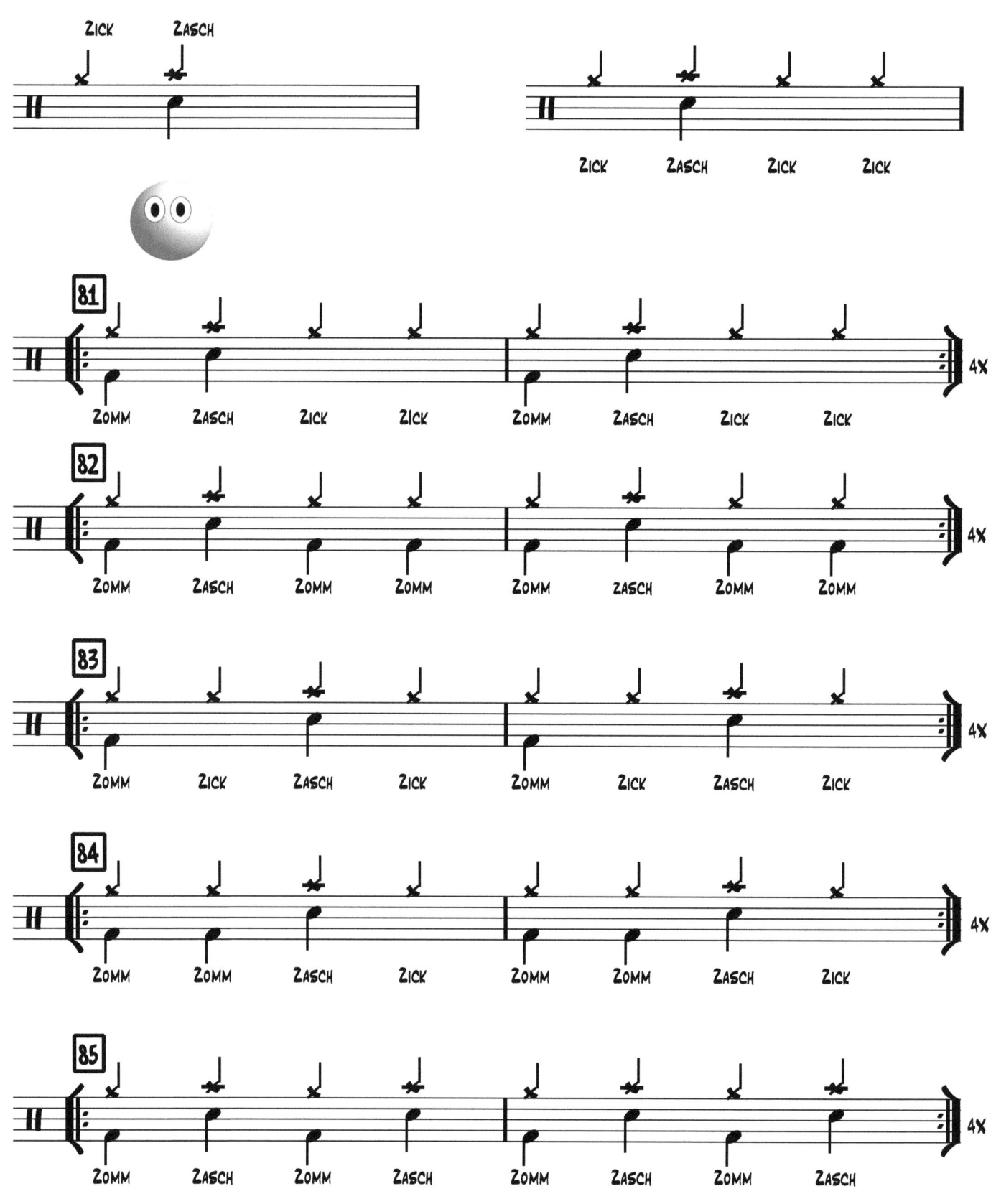

19. Grooves (Rhythmen) mit Crash-Becken

Wir lernen jetzt richtig coole Grooves mit Crash-Becken.
Übe die Sprache gut ein und höre genau hin! Merke Dir jede Reihe so gut es geht.
Beim ersten mal hören und merken - dann sind die anderen 3 Wiederholungen leicht!

©Tandem Verlag

86 ZOSCH ZICK ZACK ZICK ZOMM ZICK ZACK ZICK 4x

87 ZOSCH ZICK ZACK ZOMM ZOMM ZICK ZASCH ZICK 4x

88 ZOMM ZOMM ZASCH ZICK ZOMM ZOMM ZACK ZICK 4x

89 ZOMM ZICK ZASCH ZOMM ZOMM ZICK ZASCH ZICK 4x

90 ZOSCH ZICK ZASCH ZICK ZOSCH ZICK ZASCH ZICK 4x

copyright@Thomas Stan Hemken   www.drums-online.org

20. Grooves mit Toms (Fill In)

Hier kommen die Toms wieder! Und mit den Toms wieder die Handsätze, damit es keine Knoten in die Arme gibt!

Mehr Training mit Grooves, Toms & Ride-Becken

Ein neues Kapitel

Von der Lautsprache geht es nun in eine rhythmische Sprache.
Das nächste Kapitel bereitet nun schon sehr gut auf das neue Buch vor:
"Dein Weg zum erfolgreichen Drummer Band 1"
In diesem Buch wird das Schlagzeug spielen auf sehr musikalische Weise vermittelt. Jedes Stück mit Musik und Play Along. Alles wird erklärt aber auf unnötiges wurde bewusst verzichtet.
Das Werk baut pädagogisch, didaktisch sinnvoll auf und macht viel Spaß für Schüler und Lehrer!

Weiter mit der rhythmischen Sprache! Auch hier ist es für die kleinen Schüler

©New Visions Tecnologie Inc

21. Die Viertel Note

Die Notenlinien sind in Kästen unterteilt. Diese Kästen heißen in der Musik: Takte!
Jeder Takt hat am Ende einen Taktstrich!
Die Note, die wir jetzt sprechen, kennst Du schon. Es ist die kleine Trommel oder Snare.
Vier Stück kommen in einen Takt. Deshalb heißt sie: Viertel Note. Sie ist von Innen ausgemalt und hat einen Strich - den Notenhals. Wir sagen vier mal: Dam

Die Pause hast Du schon kennengelernt. Es ist ein Viertel Pause. Du hast "Ze" dazu gesagt. Genausogut könntest Du nun "Dam" flüstern! *(Dam)*

Folgende Übungen solltest Du zuerst gut sprechen üben! Erst wenn das gut klappt, spielst Du mit! Achte dabei auf die richtigen Hände!

22. Die Achtel Note

Zum Schluss lernst Du Noten, die doppelt so schnell sind!
Weil sie doppelt so schnell wie 4 Noten sind, passen nun 8 Noten in den Takt (bei 4/4).
Die Note ist auch ausgemalt, hat einen Hals und ein Fähnchen! Wenn mehrere Noten nebeneinander stehen, kann man die Fähnchen verbinden. Dann nennt man das "Balken".

Sprich bei diesen Noten: "Du da"! Das sind 2 Silben für 2 Schläge.

Auch hier übst Du zuerst die Sprache richtig gut ein, bevor Du mit dem Spiel beginnst!

Das große Rätzel!

©New Visions Tecnologie Inc

Fragen über Fragen.
Zauberer Verschwindus überlegt:
"Es gibt 4 Viertel in einem 4/4 Takt.
Achtel sind doppelt so viele...
Wie viele sind es dann?

Trage ein: _____

Herzlichen Glückwunsch!

Du hast jetzt das ganze Buch geschafft und nun bist Du fitt für:

46

MIX
Papier aus verantwortungsvollen Quellen
Paper from responsible sources
FSC® C105338